BEI GRIN MACHT SICH IHR
WISSEN BEZAHLT

AF144250

- Wir veröffentlichen Ihre Hausarbeit,
  Bachelor- und Masterarbeit

- Ihr eigenes eBook und Buch -
  weltweit in allen wichtigen Shops

- Verdienen Sie an jedem Verkauf

Jetzt bei www.GRIN.com hochladen
und kostenlos publizieren

Saskia Bruning

Thomas Manns "Buddenbrooks". Ein Vergleich der Generationen

GRIN Verlag

Bibliografische Information der Deutschen Nationalbibliothek:

Die Deutsche Bibliothek verzeichnet diese Publikation in der Deutschen National-
bibliografie; detaillierte bibliografische Daten sind im Internet über http://dnb.d-
nb.de/ abrufbar.

Dieses Werk sowie alle darin enthaltenen einzelnen Beiträge und Abbildungen
sind urheberrechtlich geschützt. Jede Verwertung, die nicht ausdrücklich vom
Urheberrechtsschutz zugelassen ist, bedarf der vorherigen Zustimmung des Verla-
ges. Das gilt insbesondere für Vervielfältigungen, Bearbeitungen, Übersetzungen,
Mikroverfilmungen, Auswertungen durch Datenbanken und für die Einspeicherung
und Verarbeitung in elektronische Systeme. Alle Rechte, auch die des auszugsweisen
Nachdrucks, der fotomechanischen Wiedergabe (einschließlich Mikrokopie) sowie
der Auswertung durch Datenbanken oder ähnliche Einrichtungen, vorbehalten.

Impressum:

Copyright © 2012 GRIN Verlag GmbH
Druck und Bindung: Books on Demand GmbH, Norderstedt Germany
ISBN: 978-3-656-56745-5

Dieses Buch bei GRIN:

http://www.grin.com/de/e-book/266033/thomas-manns-buddenbrooks-ein-vergleich-
der-generationen

GRIN - Your knowledge has value

Der GRIN Verlag publiziert seit 1998 wissenschaftliche Arbeiten von Studenten, Hochschullehrern und anderen Akademikern als eBook und gedrucktes Buch. Die Verlagswebsite www.grin.com ist die ideale Plattform zur Veröffentlichung von Hausarbeiten, Abschlussarbeiten, wissenschaftlichen Aufsätzen, Dissertationen und Fachbüchern.

Besuchen Sie uns im Internet:

http://www.grin.com/

http://www.facebook.com/grincom

http://www.twitter.com/grin_com

Thomas Mann-Buddenbrooks, Thomas Buddenbrook

Bei dem vorliegenden Text handelt es sich um einen Auszug aus dem Gesellschaftsroman „Buddenbrooks" von Thomas Mann. Der Roman erschien 1901 und ist ein Schwellenwerk vom Realismus zum Jugendstil. In diesem wird der wirtschaftliche und familiäre Verfall der wohlhabenden Kaufmannsfamilie Buddenbrook chronikalisch-determiniert dargestellt.

Ein Familienmitglied der Buddenbrooks ist Gotthold, dieser hat jedoch durch eine nicht standesgemäße Liebesheirat mit einem Fräulein Stüwing den Zorn seiner Familie auf sich gezogen, wodurch nur geringer Kontakt zwischen den Buddenbrooks und Gotthold bestand. Anlass für Briefwechsel, oder selten anderweitigen Kontakt, waren Todesfälle in der Familie oder Geld. Auch in dem vorliegenden Auszug ist der Anlass für Thomas' Anwesenheit nur der Tod. Gotthold ist kurz zuvor an Herzkrämpfen verstorben, aufgrund dessen wurde Familie Buddenbrook benachrichtigt. Daraufhin befindet sich Thomas am Sterbebett Gottholds und führt einen Monolog über Gottholds Lebensstil und seine Einstellungen und sein Verhalten in Bezug auf geschäftliche Dinge. Nach seinem Tod spielt Gotthold keine Rolle mehr im Leben der Buddenbrooks.

Nachdem die Nachricht von Gottholds Tod die Buddenbrooks erreicht hat, macht sich Thomas mitten in der Nacht und bei regnerischem Wetter auf den Weg an Gottholds Sterbebett. Die Tageszeit deutet bereits voraus, dass etwas Negatives folgen wird, da die Dunkelheit der Nacht bereits eine düstere Atmosphäre schafft und den Leser dahin lenkt, dass Folgende mit etwas Unheilvollem zu verbinden. Auch die Haustürglocke ist ein vorausdeutendes Symbol, welches bereits zuvor in dem Roman ein Omen für negative Geschehnisse war. Außerdem stört sie die Ruhe, die eigentlich nachts herrscht, was weiter darauf deutet, dass Gotthold jemand ist, der die Familieneintracht stört. Die „… große Diele" (Z.1) und „… allein auf den Weg" (Z.2) zeigen die Familienverhältnisse ebenfalls, trotz der Größe der Familie hinsichtlich der Personenanzahl und ihrem Traditionsbewusstsein, macht nur Thomas sich auf den Weg zu Gotthold. Auch das Wetter („Frühlingsregen" Z.3) dient als Symbolik. Zum einen deutet der Regen das Negative voraus. Andererseits zeigt der Frühling, dass auch etwas Positives an dem Folgenden zu sehen ist. Da Thomas Mann Anhänger Schopenhauers Philosophie war, geht auch Mann davon aus, dass der Tod nicht das Ende von allem ist. So will er anhand Gottholds Todzeigen, dass auch der Tod etwas Positives hat. Beispielsweise wird dadurch der familiäre Zwist von Gotthold und den Buddenbrooks zwangsläufig beendet. Mit der Beschreibung „ er kam nur zur rechten Zeit, …" (Z.4), sodass er noch krampfhafte Zuckungen (Z.4) sehen kann, zeigt sich ebenfalls das gequälte Verhältnis von Thomas (stellvertretend für die Familie) und Gotthold. Indem Gotthold als „… kurze Gestalt" (Z.6) beschrieben wird, zeigt sich der Gegensatz zu Thomas, der „… lange mit gefalteten Händen" (Z.5) dort steht. Durch die gegensätzliche Umschreibung „.. dieses tote Gesicht mit den etwas weichlichen Zügen" (Z.6f.) bringt Mann wieder ein, dass der Tod auch positive Aspekte haben kann und auch eine Erleichterung sein kann.

Thomas beginnt seinen Monolog mit den Worten „du hast es nicht sehr gut gehabt, Onkel Gotthold", mit der direkten Anrede stellt er zwar eine Verbindung zwischen sich und ihm her, es erfolgt aber auch eine direkte Abwertung von Gottholds Lebensart, wodurch er sich von Gotthold distanziert. Er kritisiert sein Verhalten und zeigt dadurch parallel, wie sein Lebensstil ist. Er beschreibt, dass Zugeständnisse und Rücksicht eine Notwendigkeit im Leben sind, was eine Anspielung darauf ist, dass sein Leben fast ausschließlich aus diesen zwei Dingen besteht. Auch im Weiteren charakterisiert er indirekt sein eigenes Verhalten und Leben, doch dies geschieht unbewusst, was durch die Bemerkung „wenn ich wäre wie du" (Z.9) deutlich wird, vor allem durch die Verwendung des „wenn". Er spricht davon einen Laden zu heiraten (Z.10) und den äußeren Schein zu wahren (Z.10). Dies ist ein Vorgriff auf den Verlauf von Thomas' Leben, denn sein späteres Leben besteht nur darin, sein persönliches Glück über die Firma zu stellen und sich den gesellschaftlichen Pflichten zu beugen. Außerdem wird „die dehors waren!" (Z.10) zu seinem Lebensmotto, dies ist es auch, was ihn letztlich zu Grunde richtet und zu seinem Tod führt. Auch das, was er Gotthold als fehlend vorwirft, wie die Schwungkraft, Phantasie und Idealismus sin im späteren Dinge, die auch ihm fehlen. Mit der Aneinanderreihung der Adjektive süß, beglückend und befriedigend (Z.13f.) wird ebenfalls gezeigt, welche Attribute Thomas Leben fehlen. Hierbei wird auch der Unterschied zwischen Thomas und seinem Vater, sowie Großvater ersichtlich. Denn Thomas kann sich zwar eher mit den Idealen dieser identifizieren, ist jedoch ähnlich wie Gotthold eigentlich nicht befähigt, die kaufmännische Laufbahn einzuschlagen, da auch ihm die entscheidenden Eigenschaften fehlen. Und wenn er von einer „heimlichen Liebe", einem „abstrakten Gut" und einem „alten Namen" (Z.14) spricht, zeigt er, dass auch er die Erwartungen seiner Familie erfüllen möchte, dies jedoch zu abstrakt und alt für ihn ist und sein Scheitern vorausdeutet. Im Weiteren zählt er die Pflichten auf, die Gotthold nicht erfüllen konnte, da es ihm an Idealismus mangelte, und die er nun zu erfüllen hat, nämlich die Firma zu Ehre, Macht und Glanz zu bringen (Z.15). Im Weiteren beschreibt er, dass Gotthold kein Verständnis für das Sinnliche wie beispielsweise die Poesie hatte, was auch auf Thomas selbst zutrifft. Und zum ersten Mal zeigt Thomas etwas Bewunderung für Gottholds Mut, gegen den Willen des Vaters zu heiraten. Wie sich im Späteren zeigt, hat Thomas diesen Mut nicht. Hier zeigt sich wieder, dass die Erwartungen der Familie ein zentrales Thema für Thomas sind. Dann wirft er Gotthold vor, keinen Ehrgeiz gehabt zu haben, und vergleicht sich damit indirekt mit ihm. Die Abwertung „… der alte Name ist bloß ein Bürgername" (Z.17f.) zeigt auf, dass Thomas der Auffassung ist, dass es als Bürgerlicher nicht reicht, nur eine kleine Firma aufzubauen, sondern man den gesellschaftlichen Aspekt auch beachten muss. Mit der metaphorischen Beschreibung „kleines Stück Welt" (Z.19) zeigt er außerdem, dass man große Ziele haben muss und es nicht reicht, in einem Bereich „… geehrt, beliebt und mächtig" (Z.19) zu sein, denn als Ungelehrter muss man noch viel mehr leisten. Indem er kurz die Heirat mit „der Stüwing" thematisiert, wirft er Gotthold damit vor, den gesellschaftlichen

Aspekt missachtet zu haben und appelliert wiederholend, dass nur Rücksichten einen im Leben voranbringen. Die Zurückstellung der eigenen Person ist für Thomas unumgänglich, denn die Grenzen des Bürgertums zwingen die Leute dazu. Durch die Lautmalerei in Zeile 21 zeigt Thomas, wie sehr ihn diese Thematik einnimmt. Mit dem darauf folgenden will er sagen, dass auch Ungelehrte mit ihrem Ehrgeiz etwas erreichen können. Und wenn er die Grenzen als „... von außen und oben gesehen nur eng und kläglich" (Z.23) nennt, so zeigt dies, dass für Außenstehende die bürgerlichen Grenzen zwar unscheinbar sind, sie aber trotzdem so einflussreich sind, dass sie trotz ihrer Lächerlichkeit eine große Macht für den einzelnen Kleinbürger haben. Mit der Aussage „... aber Alles ist bloß ein Gleichnis auf Erden" (Z.23) wird wiederholt auf Schopenhauers Philosophie angespielt, denn diese Grenzen gelten nach dem Tod nicht. Sein Ziel formuliert Thomas mit der rhetorischen Frage „wusstest du nicht, dass man auch in einer kleinen Stadt ein großer Mann sein kann?" (Z.24f.), untermalt mit dem metaphorischen Vergleich Cäsars (Z.25), denn in seinen Erwartungen an seine eigene Person möchte Thomas alles erreichen, was er erreichen kann. Durch diese Textstelle zeigt sich auch, dass Thomas sich den eigenen Grenzen eigentlich nicht beugen will, es aber trotzdem tut, um ein „großer Mann" zu werden. Dies vor allem, da er an Gotthold sehen musste, wie sein Leben aussieht, wenn er sich den gesellschaftlichen Grenzen nicht beugt. Indem wiederholt Phantasie und Idealismus (Z.26) aufgegriffen werden, zeigt sich wieder Schopenhauers These, dass nur das Sinnliche Erlösung aus der elenden Wirklichkeit bringt. Durch Umschreibungen wie „schwachbeleuchtet", Regen und die Nennung der Fassade (Z.29f.) zeigt sich Thomas späteres Leben, nämlich sein Leben hinter der lächelnden Maske, hinter der er unglücklich ist. Auch wird das Haus als Symbol für den Verfall aufgegriffen, die Fassade, hinter der alles der „Natur der Dinge" (Z.31) folgt. Indem am Ende die Einheit des Ortes durchbrochen wird, zeigt sich, dass die Angelegenheit mit Gotthold endgültig erledigt ist und Thomas sich dem Geschäft verschrieben hat, da es sich um eine Geschäftsreise handelt.

Durch den Monolog Thomas' fixiert sich der Leser auf ihn und bekommt eine detaillierte Innensicht seiner Denkstrukturen. Sowie eine Ahnung davon, welche Thematiken ihn beschäftigen. Durch den zunächst auktorialen Erzähler bis Zeile 7 findet eine Leserlenkung statt, indem vorausgedeutet wird. Dann kann sich der Leser jedoch auf die Gedankengänge Thomas' konzentrieren, da ein Wechsel zum neutralen Erzähler erfolgt. Bis Zeile 35 wird zeitdeckend erzählt, dann erfolgt eine Zeitraffung, um die Auswirkungen des Monologs für den Leser zu verdeutlichen.

Wie im vorangegangenen bereits ersichtlich wurde, hat Thomas Buddenbrook ein klares Bild von Gotthold, welches jedoch vor allem von seinem Vater und Großvater geprägt wurde. Daher wird im Folgenden zunächst das Verhalten des Vaters und Großvaters gegenüber Gotthold näher beschrieben. Johann Buddenbrook ist zutiefst gekränkt, da er der nicht standesgemäßen Heirat nicht zugestimmt hatte und Gotthold somit seine Autorität untergraben hat und ihm der Lächerlichkeit

Preis gegeben hat. Aufgrund dessen verweigert er den näheren Kontakt zu ihm, sowie die Auszahlung von Geld. Jean hingegen ist durch seine Gläubigkeit traurig über den familiären Zwist, folgt seinem Vater jedoch trotzdem. Johann Buddenbrook empfindet nur Zorn, Hass und Unverständnis, Jean hingegen appelliert an die Moral und den familiären Zusammenhalt. Für Johann Buddenbrook ist Gotthold kein Thema, Jean hingegen quält der Streit und er ist bemüht eine Lösung des Konflikts zu finden. Der konservative Johann erhebt aber schwere Vorwürfe gegen Gotthold und verspottet Jean wie zum Beispiel „... fromme Geldgier". Er verhält sich gefühlskalt und sachlich, er stellt seinen persönlichen Stolz über dem familiären Zusammenhalt. Moral spielt für ihn keine Rolle und er sieht den Konflikt nur auf einer nüchternen Ebene hinsichtlich des Geschäftes und dem gesellschaftlichen Ansehen. Dies wird vor allem durch den Ausruf „Unsinn, Jean, keine Sentimentalität!" deutlich. Auch hier wird das gegenseitige Unverständnis füreinander innerhalb der Familie deutlich. Der Großvater unterdrückt sofort alle moralischen Denkstrukturen und zeigt, dass Gesellschaft und Geschäft das Verhalten bestimmen müssen. Vor allem auf den Seiten 46 und 47 erkennt man den Einfluss von Großvater und Vater auf Thomas, denn Thomas übernimmt in seinem Monolog Schlagwörter wie „Idealismus". Christlichkeit erwähnt Thomas nicht, was zeigt, dass er die Denkweisen seines Großvaters übernommen hat. Thomas ist ebenso wie sein Großvater darauf bedacht, ein „großer Mann" zu werden, allerdings haben sie nicht die gemeinsamen Attribute, wie Schwungkraft. Trotz des Einflusses seine Großvaters, ist Thomas nicht ganz distanziert zu Gotthold, was allein die Geste zeigt, dass er an sein Sterbebett kommt, hier findet sich die Christlichkeit seine Vaters wieder. Der Großvater verhält sich voll und ganz wie ein Geschäftsmann, für ihn steht das Kapital im Mittelpunkt, der Vater ist kein eiserner Geschäftsmann und appelliert an Moral und Gläubigkeit, Thomas hätte gerne die Schwungkraft seine Großvaters, aber hat zu viele Gemeinsamkeiten mit Gotthold. Die Differenz zwischen Thomas und seinem Großvater wird vor allem durch die Sicht des Idealismus deutlich. Der Großvater assoziiert ihn negativ, Thomas positiv.

Unter anderem führen Themen und Problematiken wie die zuvor analysierten Aspekte dazu, dass der Roman auch heute noch Aktualität und Aussagekraft besitzt. Zudem gewährt er dem Leser Einblicke in damalige Lebensstrukturen und zeigt die Wirkung von gesellschaftlichen Zwängen und den Leistungsanforderungen innerhalb einer Familie. Auch der Verfallsbegriff wird multiperspektivisch ersichtlich dargestellt und zeigt, dass wie hier der Untergang einer gesamten Familie, ein schleichender Prozess ist und sowohl von äußeren, als auch von inneren Faktoren bestimmt wird. Hierfür dient unter anderem die Gegenüberstellung der männlichen Generation der Buddenbrooks als veranschaulichendes Beispiel, für eine innere Zerrissenheit. Auch die äußere Form des Romans untermalt dies mit der verwendeten Montagetechnik und der sprachliche Polyphonie.
Somit ist der Roman sowohl sprachlich, als auch inhaltlich zwar interessant, allerdings durch die Länge nicht für jede Leserklasse geeignet. Besonders zu empfehlen ist der Roman für geschichtlich

Interessierte, da der Roman vor allem die damaligen Lebensumstände anschaulich darstellt und unter anderem von wichtigen Ereignissen wie der Revolution von 1848 geprägt ist. Außerdem bietet der Roman weitere interessante Analyseaspekte und bietet Einblicke in die Familienverhältnisse von Thomas Mann selbst. Da es das größte und bekannteste Werk von Mann ist, und weiter als Roman mit Weltgeltung tituliert wird, ist „Buddenbrooks" für jeden, der an der deutschen Literatur interessiert ist eine Pflichtlektüre.